AF459777

LA VRAYE DIDON, OV LA DIDON CHASTE. TRAGEDIE.

A PARIS,
Chez TOVSSAINCT QVINET, au Palais, ſous la montée de la Cour des Aydes.

M. DC. XLIII.

AVEC PRIVILEGE DV ROY.

EXTRAICT DV PRIVILEGE.

PAR grace & Priuilege du Roy, donné à Paris le 21. iour de Iuillet 1642. signé, par le Roy en son Conseil, LE BRVN. Il est permis à *Toussaint Quinet*, Marchand Libraire à Paris, d'imprimer, ou faire imprimer, vendre & distribuer vne piece de Theatre intitulée, *La vraye Didon, ou la Didon chaste, Tragedie de M. de Bois-Robert*, & ce durant le temps de cinq ans, à compter du iour que ladite piece sera acheuée d'imprimer. Et deffenses sont faites à tous Imprimeurs & Libraires d'en imprimer, vendre & distribuer d'autre impression que de celle qu'aura fait faire ledit *Quinet*, ou ses ayans cause; sur peine aux contreuenants de mil liures d'amende, confiscation des exemplaires, & de tous les despens, dommages, & interests, ainsi qu'il est plus au long porté par lesdites lettres, qui sont en vertu du present Extraict tenuës pour deuëment signifiées.

Acheué d'imprimer le 10. Decembre 1642.
Les Exemplaires ont esté fournis.

ENTRE-PARLEVRS.

HYARBAS.	Roy de Getulie.
DIDON.	Reyne de Carthage.
PYGMALION.	Prince de Tyr, & Frere de Didon.
ANNE.	Sœur de Didon.
NARBAL.	General de l'armée de Didon.
FORBANTE.	Frere d'Hyarbas.
ASTART.	Lieutenãt general de Pygmalion.
FENICE.	Fille d'honneur de Didon.
ARGAL.	Officier de l'armée de Didon.
BARCIS.	Officier de la ville de Carthage.

La Scene est entre les Tentes de Didon & d'Hyarbas, à la veuë de Carthage.

A MADAME LA COMTESSE DE HARCOVRT.

ADAME,

Si c'estoit icy cette Didon fabuleuse que Virgile a si mal traittée, que pour la des-honorer en beaux termes, il a bien voulu confondre les temps & se mesconter de trois cens années, quoy que ie connoiſſe euidemment l'injuſtice de ſon accuſation, & que dans toutes les hiſtoires ie la trouue auſſi innocente qu'elle eſtoit belle, ne croyez pas s'il vous plaiſt, que ie vous l'euſſe preſentée, ny qu'elle euſt oſé ſous ma conduite, vous aborder auec vn ſoupçon de crime, de crainte d'offencer la pureté de voſtre vertu. C'eſt, MADAME, la veritable Didon que ie vous preſente, cette Didon chaſte & genereuſe qui dans les violentes recherches du plus puiſſant Roy d'Affrique, ayma mieux ſe donner la mort que de manquer à la fidelité qu'elle auoit promiſe aux cendres de ſon Eſpoux. C'eſt en vn mot la Vertu que ie preſente à la Vertu meſme. Et certainement, MADAME, celle que cette grande Reyne a ſi hautement praticquée, me ſemble ſi digne de l'honneur de voſtre protection que ſi vous daignez la regarder d'vn œil fauorable, ie ne doute point que vous ne confondiez en vn moment l'erreur & la calomnie de pluſieurs ſiecles, & qu'aujourd'huy vous ne la r'eſtabliſſiez pleinement en tous ſes honneurs. Receuez-là donc, MADAME, auec aütant de bonté qu'elle vous tesmoigne de confiance, soustenez hardiment son innocence opprimée, protegez-là hautement, puis qu'il est constant qu'elle n'a rien fait qui la rende indigne de l'honneur de vos bonnes graces, & s'il est mesme besoin d'employer en sa faueur ce genereux Conquerant dont vous faites l'illustre moitié, ne craignez pas de la mettre au rang des Princesses affligées, qu'il a si glorieusement secouruës. Ie confesse, MADAME, qu'elle vous est recommandée par vn mal-heureux qui n'a pas moins besoin qu'elle de l'honneur de vostre appuy, & qui n'a pas esté plus fauorablement traitté de la calomnie, mais que cette consideration n'arreste pas vostre charité genereuse, vous nous pouuez sauuer l'vn & l'autre par vn mesme trait de bonté, vous pouuez mettre aisément à couuert sous vne mesme protection l'Autheur & l'Ouurage tout ensemble. Comme il est impossible que Didon soit iamais soupçonnée d'impudicité quād on sçaura que vous l'auez bien receuë, & que vous auez souffert qu'elle mist son honneur entre vos mains. Ie ne croy pas que la mesdisance & l'enuie qui m'ont si cruellement deschiré iusques icy s'osent desormais attaquer à moy quand on connoistra que i'ay quelque part à l'honneur de vostre bien-veillance, & que ie suis veritablement,

MADAME,

Vostre tres-humble, & tres-obeïssant seruiteur,

BOISROBER,
Abbé de Chastillon.

LA VRAYE DIDON, OV LA DIDON CHASTE TRAGEDIE.

ACTE PREMIER.

SCENE I.

DIDON. ANNE.

ANNE.

ENfin ie ne ſçay plus ny d'art, ny de remede,
Qui puiſſe diuertir l'ennuy qui vous poſſede;
Madame, qu'auez vous, & quel eſt ce poisõ,
Qui ſemble à contretans troubler voſtre raiſon?
Ayant veu ce matin tous les gens de mon frere,
Et les voſtres encor reſolus à bien faire,

Vous paroißiez si gaye, & sembliez conceuoir
Du guain de la bataille vn infaillible espoir.
Vous rentrez cependant plus triste & mescontente,
Que vous n'estes sortie auiourd'huy de la tente.
Lors que vous estiez seule, & sans autre secours,
Que celuy de ces murs & de ces fortes tours
Dans Carthage enfermée, & quasi toute preste
D'estre d'vn ennemy la fatale conqueste ;
(Si charmé comme il est de vos diuins appas,
On peut nommer ainsi l'Amoureux Hyarbas)
Ie ne m'estonnois point qu'vne telle fortune,
Vous donnast du chagrin, & vous fust importune;
Mais Madame, à present qu'estant en liberté,
Vous voyez que tout veille à vostre seureté,
Que vingt mille soldats qui soustiennent la guerre,
Vous asseurent par tout & la mer & la terre,
Qu'Hyarbas vous redoute, & paroist estonné
Du grand secours de Tyr par mon frere emmené,
Deuez-vous pas bannir cette humeur importune,
Et changer de visage en changeant de fortune?

DIDON.

Ma sœur ne doutez pas qu'vn si rare bon-heur,
Ne fust doux, agreable, & sensible à mon cœur:
Si ce puissant secours qui m'est si necessaire,
Pouuoit m'estre venu d'ailleurs que de mon frere.

Pygmalion pour moy n'a bonté ny respect,
En vn mot son voyage en ce lieu m'est suspect.
Les maux que m'a causéz ce frere detestable,
M'empeschent d'en attendre aucun bien veritable.
Le songe que i'ay fait cette nuit en dormant,
Accroist ma deffiance encore infiniment.
Il m'a semblé ma sœur, qu'auec toute sa suitte,
Il m'auoit ce matin dans le Temple conduitte;
Et qu'aprochant l'Autel, i'ay veu deuant mes yeux,
Mon cher Espoux Sychée aßis au rang des Dieux,
Ie voyois en son air vn changement extresme,
Il n'auoit rien de luy, c'estoit pourtant luy-mesme,
Car à la Maiesté qui brilloit dans son port,
Par vn secret instinct ie l'ay connu d'abord,
Mais toute autre que moy ne l'eust peu reconnestre;
Mon frere, au mesme instant que ie l'ay veu parestre.
Me tirant vers l'Autel par force deuant tous:
Ie vous rends, m'a t'il dit, à vostre cher Espoux;
Ie vous rends à Sychée: apres cette parole,
Il m'a semblé de veoir cette agreable Idole
Ouurir ses tendres bras vers vn obiet si cher;
Ie me suis esueillée en pensant le toucher.
Sans que ie puisse dire Anne par qu'elle voye,
Si c'est d'estonnement, ou bien si c'est de ioye,
Mais i'estois toute en pleurs, & ie n'ay peu bannir
Encore de mon cœur, ny de mon souuenir

Cette image importune, & pourtant agreable,
Qui charmoit vainement mon esprit miserable.

ANNE.

Si i'auois quelque esgard à cette illusion,
Ie dirois qu'elle apprend, qu'vn iour Pygmalion
Vous mettra dans les bras de quelque autre Sychée.

DIDON.

Ie suis trop constamment à mes vœux attachée;
Les sermens solemnels que i'ay fais deuant tous;
De ne subir iamais les loix d'vn autre Espoux,
Ne me permettent pas au deüil qui me transporte,
De pouuoir explicquer mon songe de la sorte.
Ah! ie crains bien plustost qu'il ne soit de ma mort
Vn augure infaillible, & qu'vn si mauuais sort
Ne me soit procuré par ce frere barbare,
Qui feint d'auoir pour nous vne amitié si rare.

ANNE.

Le croirez-vous tousiours capable d'attenter
Des crimes contre vous, ou bien d'en mediter,
Sans autre fondement ny preuue que des songes,
Qui troublent vostre esprit trõpé par leurs mensonges.
Vous le voyez venir prompt à vostre secours:
Cependant vous craignez qu'il n'abrege vos iours,

Außi peu iustement, que la mort de Sychée;
A ce Prince innocent par vous est reprochée.

DIDON.

Iugeant de l'auenir par mes mal-heurs passez,
Ma sœur ie doy tout craindre.

ANNE.

Ah! Madame cessez
De vous gésner l'esprit, & d'augmenter vos peines
Sur des songes trompeurs, sur des chimeres veines,
Qui vous ont des-ia fait abandonner vos ports;
Quitter vostre heritage, emporter vos tresors;
Et venir en ce lieu comme dans vn Azile
Ietter les fondemens d'vne nouuelle ville.

DIDON.

N'appellez point chimere vn pur aduis des Dieux,
Qui m'a fait quitter Tyr pour venir en ces lieux.
Non, non, ie ne fus point par vn songe deceuë,
Vn fantosme trompeur n'abusa point ma veuë.
Quand cét Espoux charmant pour qui i'eus tant d'amour,
Apparut deuant moy ma sœur, il estoit iour.
Ie vy les yeux ouuers sa playe encore sanglante,
Et i'appris de sa voix qui paroissoit mourante,
Que la dent du sanglier ne le fit point mourir,

Mais l'épieu du cruel qui nous vient ſecourir.
Enfin ma viſion alors vous ſembla vraye,
Dites vous pas vous meſme ayant veu cette playe,
Qu'elle venoit pluſtoſt de quelque large fer,
Que de ce monſtre affreux qu'auoit vomy l'Enfer?
Vous cruſtes ce forfait qui ſeul vous a reduitte
A vous rendre en ce lieu compagne de ma fuitte.

ANNE.

L'amour m'attache à vous, & iuſques à la mort,
Quoy qui puiſſe arriuer ie ſuiuray voſtre ſort.
Mais auiourd'huy mon frere, ainſi que ie l'eſtime,
Se iuſtifie aſſez de cét enorme crime;
Pour vous ſeruir Madame, il a tout hazardé,
Au ſeul bruit de la guerre, & ſans qu'on l'ait mandé,
Il equippe vne flotte, il combat en perſonne,
Pour chaſſer de vos murs l'ennemy qui s'eſtonne:
Bref tout ce qu'il a fait, tout ce qu'il a tenté,
Monſtre qu'il n'a pour but que voſtre Maieſté;
Sans luy cette cité iuſqu'au Ciel eſleuée
S'en alloit demolie auant qu'eſtre acheuée.
Sans luy vous alliez veoir vn ennemy puiſſant,
Deſtruire voſtre Empire à peine encor naiſſant.

DIDON.

Croyez que ce n'eſt point par amour qu'il me porte,

C'est pour son interest qu'il agit de la sorte,
Il croid par son secours estouffer son forfait,
Et couurir le soupçon du meurtre qu'il a fait.
Il a craint que perdant l'Empire de Cartage,
Ie retournasse à Tyr chercher mon apanage.
Et l'auare qu'il est s'est peut-estre aduisé,
Que venant le plus fort, il luy seroit aisé
D'enleuer mes tresors, pour lesquels ce perfide
Massacra mon espoux de sa main parricide:
Mais que i'ay tous sauuez auec moy dans ce port,
Sur l'aduis que de luy i'en eus apres sa mort.

ANNE.

Madame croiez mieux de l'esprit de mon frere,
Et iugez du passé, par ce qu'il vient de faire;
Mais si vous ne pouuez quitter ces visions,
Que des songes trompeurs & pleins d'illusions
Iettent dans vostre esprit plein de melancolie,
Consentez à l'Hymen du Roy de Getulie.
Maintenant qu'il n'a plus d'aduantage sur vous,
De vostre propre gré faites en vostre espoux:
Et tâchez d'obliger ce Prince redoutable
Par vne affection & franche, & veritable.
C'est vn moyen bien doux, & bien facile aussi,
Pour vous guerir l'esprit de crainte, & de soucy.

DIDON.

Ma sœur quãd vous sçauriez en effect que mes char-
L'auroient seuls obligé de prendre icy les armes, (mes,
Comment proposez-vous cet hymen odieux
Qui blesse ma constance, & qui fache les Dieux?
Souuenez vous des vœux où ie suis attachée,
D'estre à iamais fidelle à l'ombre de Sychée;
La vefue d'un Heros digne de nos Autels
Ne sçauroit plus auoir dessein ponr les mortels.
Non; m'en deut-il couster la couronne & la vie,
Il ne me prendra point vne si lasche enuie.
Mais quand ie me verrois capable dans ce iour
De la tentation d'vne seconde amour,
De celle d'Hyarbas ie serois incapable,
Ie ne sçaurois le veoir, il m'est insuportable.
Quand il quitta sa pompe, & cacha sa grandeur;
Pour me voir sous le nom de son Ambassadeur:
Chose estrange ma sœur, i'eus pour luy de l'estime,
Son abord fut charmant, son discours magnanime;
Mais si tost qu'il m'eut fait connoistre son dessein,
Vne secrette horreur se glissa dans mon sein,
Ie me sentis pour luy de mespris toute pleine,
I'abhorré son amour qui fit naistre ma haine;
Et dans son fol dessein le voyant affermy,
Ie l'ay consideré comme vn fier ennemy.

Qui

Qui n'arme insolemment qu'à dessein de me nuire,
Qui trouble mes estats, & cherche à me destruire.
Enfin ie pourrois perdre, & la crainte des Dieux,
Et l'amour de Sychée, & le respect des Cieux;
Que ie ne perdrois pas la haine insatiable,
Que i'ay pour ce Tyran qui m'est insupportable.
Son Amour me la donne, & sa noire fureur,
L'accroist, & l'authorise encore dans mon cœur.

ANNE.

Estrange sentiment! ô l'aueugle manie!
Le respect passe donc en vous pour tyrannie.
Donc, mais mõ frere arriue, & sans ce prompt abord,
Pour vous desabuser j'aurois fait vn effort.

DIDON.

Ah! ma Sœur, ie le voy ce fleau de ma pensée,
Tout tel qu'il m'a semblé le voir la nuit passée,
I'ay tout le cœur de glace: Ah! ma sœur, ie fremy,
I'ay peine à le souffrir plus que nostre ennemy.

ANNE.

Ne vous emportez pas à faire aucun reproche,
Contraignez-vous vn peu, le voilà qui s'approche.

SCENE II.

DIDON. ANNE. FENICE. PYGMALION. ASTART.

PYGMALION.

Ie vous viens aduertir, Madame, qu'Hyarbas,
Desire pour vn peu mettre les armes bas.
Sa demande, apres tout, ne va qu'à nostre gloire;
Car cette surceance, apres nostre victoire,
Est pour faire enterrer ses morts que le Destin
A renuersez par terre au combat du matin.
Vne autre grace encore est par luy demandée,
Que i'ay, la trouuant iuste, aussi-tost accordée.
De faire vne entreueuë, afin de proposer
Quelques moyens de paix qu'on ne peut refuser.
I'ay donné pour cela les ordres necessaires,
Et i'ay fait seurement pouruoir à nos affaires;
Mais sans rien terminer, que vostre Majesté
Ne m'ait fait sur ce poinct sçauoir sa volonté.

DIDON.

Pourquoy cette entreueuë? Ah que ie l'apprehende.
S'il ne peut rien auoir de tout ce qu'il demande.

Pour moy, ie veux sur tout qu'il r'entre en ses Estas,
Et ie croy sermement qu'il ne le fera pas.

PYGMALION.

Que sçauez-vous, Madame, il faut qu'on le cõtente,
Iamais vn ennemy battu qui parlemente,
Ne doit estre esconduit,

DIDON.

Allez, mon frere, allez,
Il y faut consentir, puisque vous le voulez;
Sur tout des ennemis éuitez la malice:
Car le Getulien est tout plein d'artifice.

SCENE III.

PYGMALION. ASTART.

PYGMALION.

QVelle est triste bons Dieux! d'où luy vient cét ennuy,
Qui fait qu'elle reçoit froidement son appuy.
Celuy seul qui luy rend la Fortune prospere,

ASTART.

Ie croy voir Hyarbas qui ſort auec ſon frere,
Hors de ſes pauillons.

PYGMALION.

Tu ne te trompes pas;
C'eſt luy-meſme auançons, il tourne icy ſes pas.

SCENE IV.

PYGMALION. ASTART. HYARBAS, FORBANTE.

HYARBAS.

Ma ſaine intention vous eſtant inconnuë,
I'ay d'vne extreſme ardeur cherché cette en- (treueuë,
Pour la iuſtifier auec tous mes deſirs,
Pour vous conter ma peine & tous mes déplaiſirs,
Pour vous ouurir mõ ame, & vous rendre peut-eſtre,
Partiſan de ce cœur dont Amour eſt le maiſtre.
Ne vous eſtonnez pas, vaillant Prince de Tyr,
Vous pouuez m'obliger ſans vous en repentir.
Vous pouuez aujourd'huy me ſecourir ſans peine,
Et ſans abandonner l'intereſt de la Reyne,
En me voyant armé puiſſamment comme vous,

Combattre auec ardeur, aller moy-mesme aux coups,
Vous croyez que la guerre est le but où i'aspire ;
Mais, helas ! c'est l'amour de Didon qui m'attire,
Et son trop de rigueur m'oblige seulement
A paroistre ennemy, n'estant que son amant.

PYGMALION.

Ie confesse, ô grand Roy, qu'injuste dans mon blâme
I'ay fort mal expliqué iusqu'icy vostre flâme,
I'ay pris cette recherche & cette passion,
Pour vn pretexte pur de vostre ambition,
I'ay creu feignant l'Amant, que sous ce tiltre auguste,
Vous n'estiez en effet qu'vn tyran tres-injuste,
Qui vouliez de Carthage estre seul possesseur,
Et par force vsurper l'empire de ma sœur.

HYARBAS.

Ie ne viens point heurter d'vne main insolente,
Ie viens pour affermir sa couronne tremblante :
Ie ne viens point rauir son empire naissant,
Ie viens luy faire don d'vn autre plus puissant.
Ie m'offre à deuenir moy-mesme sa conqueste,
I'arrache ma Thyare, & la mets sur sa teste,
Qu'elle meine en triomphe vn Prince qu'elle craint,
Et qu'elle a iusqu'au cœur mortellement atteint.
Quand ie la vis puissante autant qu'elle estoit belle,

Ie fus contraint de faire alliance auec elle
Sous ces conditions qu'elle donnaſt ſa foy,
De ne porter iamais les armes contre moy.
Comme il fallut traitter auec cette orgueilleuſe,
Qui de tous ſes voiſins eſtoit victorieuſe
I'y fus moy-meſme helas, ſous le nom emprunté
De mon Ambaſſadeur, & ie vis ſa beauté,
Ie la vis c'eſt tout dire, & l'eſclat de ſes charmes,
Me fit rendre le cœur auſſi-toſt que les armes.
Elle y fit par ſes yeux dont le feu me rauit,
Ce qui fit ſa valeur ſur ceux qu'elle aſſeruit.
O Dieux, dis je en moy-meſme au fort de mon martyre,
Si ceux qu'elle a vaincus ont veu ce que j'admire,
Ie ne m'eſtonne plus qu'épris de ces objets,
De Princes qu'ils eſtoient, ils ſe ſoient faits ſujets,
Ie me voüé dés l'heure en victime eternelle,
A ſa rare beauté que ie crus immortelle,
Et comme elle venoit de me donner ſa foy,
De ne porter iamais les armes contre moy.
Souuenez-vous, luy dis-je, en me faiſant connestre,
Que ie viens en ſujet, mais que ie ſuis le maiſtre,
Que i'accepte la foy que ie reçoy de vous,
Et que c'eſt Hyarbas qui s'offre pour eſpoux.
A ces mots, vn beau ſang au viſage luy monte,
Cette foy, me dit-elle, en rougiſſant de honte,
Tend à ne pas porter les armes contre vous,

I'ay fait vœu de mourir veufue de mon Espoux.
Vous me manquez desia, respondis-ie, cruelle,
Vous faites à mon ame vne guerre mortelle:
Et ces mots proferez auec tant de rigueur,
Sont autant de poignards qui me percent le cœur.
Ie voulois dire plus, mais changeant de langage,
La colere aussi-tost parut sur son visage;
Elle me renuoya tout triste, & tout confus,
Et me parut pourtant ciuile en son refus:
Mais ie reconnus bien qu'elle estoit à la gesne,
Et qu'enfin mon amour faisoit naistre sa haine.
Ie sortis de Carthage, où ie laissay mon cœur
Lié comme vn captif au char de son vainqueur.
I'ay tout tenté depuis en ma recherche vaine,
I'ay tout fait pour fléchir cette superbe Reyne.
Quels vœux & quels respects n'ay-ie point témoignés,
Et quels puissans partis n'ay-ie point dédaignez,
I'atteste des grands Dieux la supresme puissance,
I'atteste Iupiter autheur de ma naissance,
Que ce n'est qu'à regret que ie me suis porté
A combattre contr'elle à toute extremité.
Encor m'est-il témoin que ie n'ay pris les armes,
Que pour les consacrer au pouuoir de ses charmes,
luy faire en dépit d'elle approuuer la vertu
D'vn genereux vainqueur à ses pieds abatu;
Mais quoy, le noble orgueil que son ame possede,

N'a peu souffrir en moy cét extresme remede.
Toutes les fois qu'aux siens i'ay donné de l'effroy,
Amour a combattu pour elle contre moy,
Son captif l'a tenüe en ses murs enfermée,
Où plus elle souffroit, plus elle estoit aymée,
Elle me croid iniuste, insolent, inhumain,
Pour les armes qu'Amour m'a mises dans la main.
I'adore tout ensemble, & combas la cruelle,
Ie n'ay iamais deffait ses troupes deuant elle,
Que ie n'aye poussé quelque souspir secret,
Et iamais cette main n'a vaincu qu'à regret.
Las! ie me consolois par l'espoir de luy rendre
Dedans peu beaucoup plus que ie n'aurois sceu prẽdre
De luy iustifier mes armes quelque iour;
En iettant à ses pieds la victime d'Amour,
En luy sacrifiant & le blasme & la gloire,
Le vaincu, le vainqueur, la perte, & la victoire:
Mais vous estes venu pour luy grossir le cœur,
Et pour continüer la guerre & mon malheur,
Vous rendez sa victoire & la mienne imparfaitte,
Vous arrestez sa gloire empeschant sa défaitte,
Pensant la secourir vous nous perdez tous deux.
Vous cherchez sa ruyne en secondant ses vœux.
Bref en luy conseruant la Ville qu'elle fonde.
On luy rauit l'Estat du plus grand Roy du monde.
Donnez-luy donc, grand Prince, vn vtile secours,
Tâchez

Tâchez de faire naistre à l'honneur de vos iours,
D'vne saincte alliance, vne paix glorieuse,
Qui puisse estre à la Reine encore aduantageuse.

PYGMALION.

Ce discours qui fait voir au vray le sentiment,
Et d'vn Roy genereux, & d'vn parfait Amant,
Fait qu'en plaignãt vos maux ie vous offre mõ aide:
Mais i'ay peur que ce prompt & violent remede,
Que vous auez tenté pour amolir son cœur,
Ne l'endurcisse encor auec plus de rigueur.
Faictes-moy voir en quoy ie puis vous estre vtile,
Il n'est rien de si grand, rien de si difficile,
Qu'auiourd'huy ie ne tente, afin de faire voir,
Que sur Pygmalion vous auez tout pouuoir.

HYARBAS.

Las ce que ie souhaitte est en vostre puissance,
Ie ne veux que la voir, donnez m'en la licence,
Faire encore éclatter mon amour à ses yeux,
Puis mourir à ses pieds, si ie suis odieux.

PYGMALION.

A cette autre entreueuë on aura de la peine,
Didon a l'ame fiere, & superbe, & hautaine,
Ie l'obtiendray pourtant, & n'espargneray pas

Mes soins pour terminer les peines d'Hyarbas.
Rendez-vous dans vne heure en cette mesme pleine,
Et ie m'efforceray d'y conduire la Reine.

HYARBAS.

O bonté sans exemple! ô Prince officieux!
Vous rendez ma Fortune égalle au sort des Dieux.

ACTE II.

SCENE I.

HYARBAS, FORBANTE.

HYARBAS.

IE la reuerray donc cette belle ennemie,
Qui se rendit d'abord maistresse de ma vie,
Qui d'abord, par vn œil superbement vain-queur,
Sans peine, & sans combat triompha de mon cœur.
Amour qui m'as soumis au pouuoir de ses charmes

Et qui m'as obligé seul à prendre les armes.
Prens icy ma deffence, Amour inspire moy
Des raisons pour la vaincre & la sousmettre à toy,
Comme tu m'as donné l'audace criminelle,
De declarer la guerre à cette ame cruelle:
Mais n'est-ce point vn songe? ô Dieux! la dois-je voir?
N'aura-t'on point flatté mon mal d'vn vain espoir,
Puis-je ?

FORBANTE.

N'en doutez plus, ayez l'ame contente,
Seigneur ie l'apperçoy qui sort hors de sa tente.

HYARBAS.

Ie suis surpris, mon frere, ah! que ces yeux charmans
Font naistre en mon esprit d'estranges mouuemens.
Le plaisir de la voir de tant d'attraits pourueuë,
Le regret de la perdre en mesme temps de veuë.
Mes armes & ses traits, sa haine & mon amour,
Et la crainte & l'espoir m'agitent tour à tour,
Et ces cruels tyrans pleins de glace & de flame,
Veulent confusément regner tous dans mon ame.

FORBANTE.

Retenez ces transports, Seigneur moderez vous,
Et ne faisons icy rien indigne de nous.

SCENE II.

DIDON. ANNE. PYGMALION. ASTART.
HYARBAS. FORBANTE.

DIDON.

ENfin cette entreueuë est inutile & vaine,
Mon frere j'y consens auec beaucoup de peine.

PYGMALION.

Sur tout traittez, Madame, auec honneur vn Roy,
Par qui vous possedez ces rampars que ie voy,
Et qui sont vostre azile, vn amant magnanime,
Dont nous trouuons les vœux dignes de vostre estime.
Vn ennemy puissant, difficile à dompter,
Terrible, & qu'apres tout vous deuez redouter.
Il s'auance vers vous en Royal équipage,
Receuez-le, Madame, auec vn bon visage.

HYARBAS.

Lors que ie me souuiens, objet rare & charmant,
Que ie vous ay seruie en qualité d'Amant,
Ie tremble de parestre à l'aspect de vos charmes,

Sous l'habit d'ennemy pour auoir pris les armes.
Si lors que ie n'ay pû pleurant à vos genous,
Parestre qu'innocent prosterné deuant vous,
Vous n'auez peu souffrir l'aspect d'vn miserable,
Que ferez vous, Madame, en le trouuant coupable;
N'ay ie pas tout suiet de me desesperer,
D'offenser ces beaux yeux que ie veux adorer?
Mais ie parois encor amant à vostre veüe,
Et cette qualité que ie n'ay point perdüe,
Me doit iustifier dans vostre sentiment
De celle qu'auiourd'huy ie porte apparemment.

DIDON

Vous prenez, Hyarbas, pour tesmoigner vos flames,
Vne maniere estrange, & bien nouuelle aux Dames.
Vous venez pour monstrer quel est vostre pouuoir,
Pour me donner des loix, non pour en receuoir;
Enfin vous n'en voulez qu'à ma nouuelle enceinte,
Et témoignez icy moins d'amour que de crainte;
On a bien veu les Grecs dans les siecles passez,
Dans le rauissement d'Helene interessez,
Forcer vne cité, mais pour r'auoir la proye
Des mains du rauisseur qui se sauua dans Troye.
Et si iadis Enée eut de mesmes Destins,
Pillant & rauageant chez les peuples Latins
Il le fit pour l'amour d'vne belle Princesse

Qu'vn riual disputoit & nommoit sa maistresse.
Mais vous, c'est contre moy que vous vous declarez,
C'est contre mon honneur qu'icy vous conspirez:
C'est moy que vous auez dans Cartage assiegée,
C'est ma terre qu'enfin vous auez rauagée,
Bref, ces glaiues trenchans par vous mis dans les
De vingt mille soldats insolens, inhumains: [mains,
N'en veulent qu'à mon sang, n'en veulent qu'à ma
C'est bien estre poussé d'vne bizarre enuie, [vie,
C'est employer pour plaire, & pour vous faire aymer
Tout ce qui vous doit faire & hayr, & blâmer.
Si vous voulez iamais mon ennemy paroistre,
Quels moyens aurez-vous pour le faire connoistre?
Si ce monstre d'amour que l'on deust estouffer,
Esclatte seulement par le feu, par le fer,
Par cent marques d'horreur qui me font tant de peine,
Que ne dois-ie pas craindre vn iour de vostre haine?
Ne vous estonnez point, ô puissant Hyarbas,
Si ie dy franchement que ie ne vous croy pas:
Et si ce faux Amour a ma haine excitée,
Ne m'en accusez pas, vous l'auez meritée.

HYARBAS.

Pour iuger des forfaits qu'en moy vous abhorrez,
Regardez-en la cause, & vous m'excuserez.
Dire mon crime grand, c'est confesser que j'aime

D'vne amour infinie, & d'vne ardeur extresme.
Cét éclat de guerriers & d'armes sans pareil,
D'vne illustre recherche est l'illustre appareil.
Tous ces beaux pauillons plantez sur vostre terre,
Sont ornemens d'amour, plus qu'instrumẽs de guerre.
Ie n'ay deffait vos gens que comme des jaloux,
Qui m'empeschoiẽt l'hõneur de m'approcher de vous.
Et i'ay tousiours traitté ceux que ie tiens encore,
Comme les seruiteurs de celle que i'adore.
Ils ne sentent la guerre en mon camp glorieux,
Que par le déplaisir d'estre loin de vos yeux:
Mais helas! le vainqueur a mesme destinée,
Quand ie vous ay tenüe entre vos murs gesnée.
I'ay fait comme l'auare amoureux de son or,
Qui veille incessamment aupres de son tresor.
Dieux! que ma crainte est iuste, & que ie suis à plaindre,
Que ne doy-ie entreprẽdre, & que ne doy-ie craindre,
Pour vn astre d'amour dont chacun suit la loy,
Que tous les Roys d'Affrique adorent comme moy.
Si mon amour ne peut excuser mon offense,
Veüillez considerer au moins ma repentance,
Pour obtenir de vous le pardon & la paix,
Mes offres auiourd'huy passeront vos souhais.
Ie vous accorde plus d'aduantage & de gloire,
Que ne vous en promet la plus grande victoire.
Relaschez tant soit peu de ce trop de rigueur,

Et vo⁹ me desarmés, vous vainquez vn vainqueur,
Vous rendez auiourd'huy vostre gloire publique,
En triomphant d'vn Roy qui fait trébler l'Affrique,
Que l'Vniuers redoute, & qui dans ses ayeux
Peut conter le premier & le plus grand des Dieux:
Mais pour vous meriter i'ay trop peu de puissance,
Il faut que mon amour surpasse ma naissance,
Et que ie fasse voir en tesmoignant ma foy,
Que par là seulement rien n'est égal à moy.
Veuillez donc auiourd'huy pour vostre seule gloire,
En me donnant la paix vous donner la victoire,
Ou si vostre rigueur qui vous charme & vous plaist,
Ne se peut pas flechir cruelle comme elle est,
Souffrez que par vn coup qui m'empesche de viure,
Ie finisse la guerre, & que ie vous deliure
D'vn Amant que vos yeux ne peuuent supporter,
Et que vous ne pouuez par force surmonter.

DIDON.

Quand par vne foiblesse à mon sexe ordinaire,
Ie pourrois excuser ce qu'on vous a veu faire,
Et pardonner encore à vostre passion
Tous les iustes suiets de mon auersion.
Ie ne pourrois ceder à vostre amour extresme,
Ny disposer de moy, n'estant plus à moy-mesme.
Ie vous ay desià dit que mon Espoux & moy,

Iurâmes l'vn à l'autre vne eternelle foy,
Sans qu'on pust violer la parole donnée,
Par le lasche projet d'vn second Hymenée.
I'en ay depuis sa mort repeté les sermens,
A ses Manes sacrez, tu sçais bien si ie mens
Fenice, & vous ma sœur, vous le sçauez encore,
Ie l'ay iuré cent fois à nos Dieux que i'adore.
Astart mesme est tesmoin de cette verité,
Et tous nos Tyriens n'en ont iamais douté.
Auriez-vous bien l'audace en m'acquerant par force
De me persuader vn infame diuorce?
Pensez-vous que la mort qui nous a separez,
Ait détaché mon cœur des Manes adorez.
De mon diuin Espoux, cette foy mutuelle,
Rend de nos deux esprits l'vnion eternelle;
Ses restes que ie garde en vn vase enfermez
Me tiennent lieu d'Epoux, & sont autant aymez;
Ie m'attache à son ombre, & ie rends à sa cendre
Tous les mesmes respects que i'aurois pû luy rendre.
Quoy me contraindrez-vous d'estre parjure aux (Dieux;
Infidelle à Sichée, impie enuers les Cieux?
Voudrez vous, Hyarbas, que Didō pour vous plaire,
Commette vn sacrilege auec vn adultere?
Que pour flatter vos maux, & pour rompre vos f...
Ie sois perfide au Ciel, à la terre, aux Enfers.
Que ie me rende enfin pour vne amour si vai...

Digne de vos mépris, digne de vostre haine.
Bref, digne des forfaits que vous auez commis,
Me rendant les Mortels & les Dieux ennemis?

HYARBAS.

Amour est le plus grand, il vous fera connestre
Qu'on ne doit qu'à luy seul, qui des Dieux est le maistre;
Il vous dispensera comme il fait les Amans,
De tous vos vœux, Madame, & de tous vos sermẽs.
Il vous enseignera qu'auec des Sacrifices
On se peut aysément rendre les Dieux propices,
Et reuoquer encor les sermens solemnels
Que mesme on a iuré aux piés de leurs autels.
Bref, il vous apprendra qu'elle est la loy diuerse
Des morts & des viuans qui n'ont plus de commerce.
Quiconque le premier passe dans les Enfers,
Brise dés le sepulchre icy bas tous ses fers.
Considerez vn peu, belle & superbe Reyne,
Que ce que vous aymez n'est riẽ qu'vne ombre vaine,
Vn amas de poussiere, vn corps inanimé,
Incapable d'aymer, indigne d'estre aymé.

DIDON.

Il est de mon amour plus que iamais capable,
Cét esprit genereux, ce monarque adorable,
Qui [illegible] bas est sensible aux sermens que i'ay fais;

Et me garde vne foy plus pure que iamais.
Ses chaines par la mort n'ont point esté brisées,
Ie sçay que son esprit dans les champs Elisées,
Fait ce qu'il fit au monde; & qu'il est reuestu
Des mesmes sentimens d'amour & de vertu:
Mais plus purs qu'ils n'étoient sous l'escorce mortelle,
Pour moy ie sens ma flame & plus nette, & plus belle;
Elle est plus digne aussi de cét objet si cher,
En ne tenant plus rien du sang, ny de la chair.
Vne si noble ardeur espure & sanctifie
Les feux dont ie bruslois lors qu'il estoit en vie,
Et consume en mon cœur ces desirs languissans,
Que produisoit en moy le commerce des sens.

ANNE.

Laissez-moy prendre icy l'interest d'vn Monarque,
Qui donne de sa flame vne si belle marque.

PYGMALION.

Souffrez que i'interrompe vn si vain entretien,
Madame vostre amour n'a rien d'égal au sien.
Il ayme vne personne agreable & viuante,
De qui le seul aspect le charme, & le contente.
Et vous aymez vn mort qui seroit odieux,
Et vous feroit horreur, s'il s'offroit à vos yeux.

DIDON

Ma sœur n'est donc pas seule à mes desirs contraire,
Vous voulez proteger encor mon aduersaire,
Vous osez prendre icy son party contre moy,
Sans respecter mes vœux, sans respecter ma foy!
Conspirez tous ma mort, faittes moy tous la guerre,
Armez conioinctement & la mer & la terre,
Ie suiuray d'vn cœur ferme, & d'vn constant mespris,
Iusqu'au dernier soûpir, le dessein que i'ay pris;
Que plustost le tonnerre esclatte sur mon crime,
Que plustost sous mes pieds la terre ouure vn abisme,
Que iamais ie viole en mes vœux solemnels,
L'honneur de ma promesse, & celuy des Autels,
Et que par vne erreur qui me soit reprochée,
Ie trouble le repos des Manes de Sychée.
Allez, retirez-vous, Prince vous m'abusez,
Sous les conditions que vous me proposez.
Ie ne veux point de paix, ny plus de surseance.

HYARBAS.

Madame, voulez-vous que par obeyssance
Ie sois donc criminel, comme à l'extremité,
Ie le suis deuenu par la necessité.
Empesche, empesche, Amour, que ce mépris de glace,
De ce cœur enflamé pour iamais ne te chasse.

La colere m'emporte, & me veut obliger
A perdre tout respect afin de te vanger.
Ne laisse pas agir cette colere extresme,
En te vengeant, Amour, ie t'offense toy-mesme.
Auant que nous resoudre à cette extremité,
Employons tout remede.

SCENE III.

HYARBAS. FORBANTE. PYGMALION. ASTART.

PYGMALION.

O Dieux quelle fierté,
Auec quelle fureur elle s'en est allée;
Ie ne la vy jamais si fiere, si troublée.

HYARBAS.

Si vous voulez m'aider, ô Prince genereux,
Ie vaincray cét orgueil iniuste & rigoureux,
Et j'auray le destin fauorable & prospere.

PYGMALION.

Astart laissez-nous seuls. Forbante & Astart se retirent.

HYARBAS.

Esloignez-vous mon frere,

Parlons à cœur ouuert, ie vous veux faire voir
Que vous vous abusez, si vous pensez auoir
Sur moy grand aduantage en me faisant la guerre,
Prince considerez que ie suis dans ma terre,
Ie feindray d'y donner bataille à tout moment,
Afin de fatiguer vos trouppes seulement;
Que si nous dissipons vostre Armée affoiblie,
Vous ne la pourrez voir de long temps restablie:
L'estat de vostre sœur n'est pas assez puissant,
Et le vostre est trop loin pour vn secours pressant.
Moy, ie verrois forcer mes plus fortes murailles,
Auec mille citez, ie perdrois cent batailles;
Bref, ie mourrois cent fois auant qu'estre contraint
De renoncer au feu dont ie me sens atteint:
De sorte qu'il faudra que la guerre finisse,
Par la fin de mes vœux, ou bien que tout perisse.
Enfin Didon sera bien-heureuse de voir
Vn Amant ennemy soubmis à son pouuoir:
Car la fin de la guerre entreprise pour elle,
Luy seroit autrement & funeste & cruelle.
Iugez Prince, iugez à quelle extremité
Auroit reduit son sort mon esprit irrité,
Si souuent mes respects qui sont trop manifestes,
N'auoient pas arresté mes victoires funestes.

PYGMALION.

Mais quel remede enfin peut flatter vos desirs,

HYARBAS.

Pour finir mes mal-heurs, auancez mes plaisirs.

PYGMALION.

Hé comment?

HYARBAS.

Vn moyen facile se presente,
Vne seconde fois tirez-la de sa tente,
Pour vne autre entreueüe, & j'y feray trouuer
Nombre de gens armez qui pourront l'enleuer.
Apres vne legere & foible resistance,
Vous vous excuserez en blâmant ma licence;
Ainsi j'auray la fin de mes ardans souhaits,
Didon la Getulie, & vous aurez la paix.

PYGMALION.

Ie puis sur ce projet seconder vostre attente,
Ouy ie la puis tirer encore de sa tente,
Mais qui me respondra que l'ayant en vos mains,
Vous ne chastirez pas ses orgueilleux dedains,
La traittant en captiue, & luy faisant outrage.

HYARBAS.

I'offre de vous donner mon frere pour ostage,

Ie vay vous l'enuoyer sans bruit & sans éclat,
Seul auec vn trompette en habit de Soldat,
Sous pretexte qu'encor la trefue on continuë,
Et que ie vous demande encore vne entreueuë.
Ie sçay qu'il restera volontiers prés de vous,
Asseurant par escrit l'homme enuoyé de nous:
Comme si vous vouliez respondre à ma demande,
Que vous estes d'accord, que mon frere on me rende,
En cas que ce projet ne reüssisse pas.

PYGMALION.

I'approuue cét aduis, & m'en vay de ce pas,
Tandis que vous irez disposer cette affaire,
Trauailler de ma part à ce qu'il faudra faire.

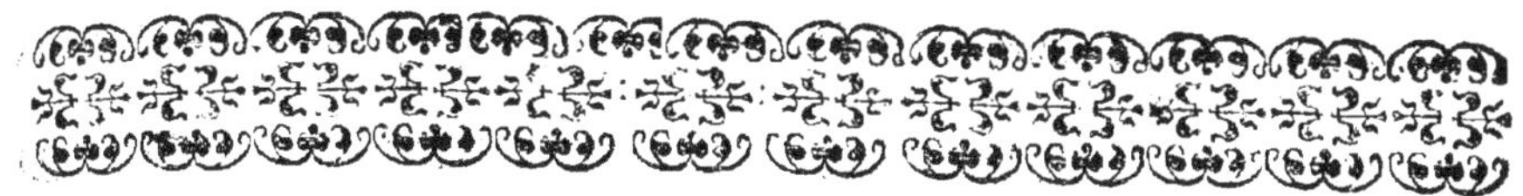

ACTE III.

SCENE I.

DIDON. ANNE.

DIDON

He bien, ma deffiance estoit sans fondement,
I'accusois disiez-vous ce traistre iniustement;
Cependant vous voyez comme il prend la licence,
De faire malgré moy durer la surceance.
Ce sont ses ordres seuls qui sont executez,
Il mesprise les miens, & vous le supportez,
Vous l'excusez ma sœur, & n'osez contredire,
L'iniuste authorité qu'il prend dans mon Empire.

ANNE.

Ie ne puis condamner encor son action,
Et croy qu'il n'a rien fait que par affection,
Vous auez agreé son secours volontaire,
Puis qu'il vous sert Madame il le faut laisser faire.

Il sçait par quels moyens il vous faut garantir,
Et d'vn Amant armé la fureur diuertir.

SCENE II.

DIDON. ANNE. NARBAL General de l'Armée de Didon.

DIDON.

VOicy mon General, dont le triste visage [ge.
Est d'vn nouueau malheur l'infaillible presa-
D'où venez-vous Narbal, sçauez vous
On a continué la trefue malgré moy? [bien pourquoy,

NARBAL.

Ie n'en sçay rien Madame, & moins pourquoy For-
Le frere d'Hyarbas, est venu dans la tente. [bante,
Du Prince vostre frere en soldat trauesty.

DIDON.

Quoy chez mon frere vn chef de contraire party;
Forbante chez mon frere!

NARBAL.

Vn trompette le meine,
Quoy qu'il soit desguisé, ie n'ay point eu de peine,

A le bien reconnoiſtre, & i'en ſuis aſſeuré.
Auec Pygmalion à part il s'eſt tiré;
Au point que le trompette acheuoit ſon meſſage,
De la part d'Hyarbas, i'en ay pris quelque ombrage.
Et i'ay creu vous deuoir auſſi-toſt aduertir,
Qu'il nous falloit veiller ſur le Prince de Tyr.

DIDON.

Mais le connoiſſez-vous?

NARBAL.

Ie le doy bien conneſtre.
C'eſt luy, n'en doutez point.

DIDON.

Ah frere ingrat & traiſtre?
Mal-heureux aſſaſſin, i'auois grande raiſon,
De te croire infidelle & plein de trahiſon?
Les Dieux qui de ta main m'ont deſia garantie,
De ton perfide cœur m'auoient bien aduertie,
Tu cherches ces threſors que tu n'as peu rauir,
C'eſt pour eux que tu feins de me vouloir ſeruir,
Voilà cette franchiſe, & cette amour ſincere
Dont vous me reſpondiez, ſœur digne d'vn tel frere;
Narbal ie ſuis trahie, enfin ie reconnoy,
Que toute ma maiſon conſpire contre moy.

De plus d'vn ennemy ie me sens poursuiuie,
Il se trame vn complot, on attente à ma vie;
I'en voy desia l'effect, i'en sens desia les coups;
Et n'attens mon salut que des Dieux ou de vous.

ANNE.

Madame qu'est-ce cy, quel mouuement de rage,
Vous emporte à vomir contre moy cét outrage!
Ah si vous soupçonnez mon amour & ma foy,
Versez vostre colere & vos dédains sur moy.
Ie fay ce que ie puis contre vostre tristesse,
Mais quoy mon soin vous fasche, & ma bonté vous (blesse
I'en meurs, & ne me puis toutefois repentir,
D'auoir quitté pour vous les riuages de Tyr.

NARBAL.

Si vous sçauiez Madame auec combien d'adresse,
Et de fidelité vous sert cette Princesse;
Vostre esprit genereux & tout plein de bonté,
Contre-elle se seroit vn peu moins emporté.

ANNE.

Ie vay me retirer en vn lieu solitaire,
Où ie ne feray rien qui luy puisse deplaire,
Ouy ie vay m'enfermer en l'vne de ces tours,
Pour pleurer librement le mal-heur de mes iours.

Puis qu'on veut outrager vne amour ſi fidelle,
Et puis que ma franchiſe eſt icy criminelle,
Mal-heureuſe Princeſſe, helas qu'eſperes-tu,
Puis qu'au lieu d'honorer on bleſſe ta vertu,
Puis que la fermeté de ton cœur magnanime.
Paſſe pour entrepriſe & degenere en crime.
Pluſt au Ciel qu'en quittant les riuages de Tyr,
Thetis dans ſon abiſme euſt daigné m'engloutir.
Et qu'vne vague affreuſe & pourtant fauorable,
Euſt terminé le cours d'vn ſort ſi deplorable:
Ie ſerois morte au moins exempte de l'ennuy,
Et du ſoupçon cruel qui m'acable auiourd'huy.

DIDON.

Excuſe mon chagrin & ma douleur extreſme,
Ma ſœur tout me deplaiſt, & ie me hay moy-meſme.
Ne m'abandonne pas en l'eſtat où ie ſuis,
Ou ie ſuccomberay ſous le fais des ennuis.

ANNE.

Si de Pygmalion la fourbe eſt manifeſte,
I'abhorreray ſa veuë ainſi que d'vne peſte:
Si de ſa trahiſon ie voy le moindre effet,
Ie priray tous les Dieux de punir ſon forfait.
Mais tant que vous n'aurez vos preuues qu'en vos ſonges,
Vous ne me verrez point complaire à leurs mẽſonges.

Ie prendray prez de vous tousiours la liberté,
De vous ouurir vn cœur exempt de lacheté.
Le frere d'Hyarbas est dit-on dans sa tente,
Dessus ce point Madame il faut qu'il vous contente.

DIDON.

Il faut bien qu'il le face, ou qu'il n'espere pas,
Que ie m'aide iamais du secours de son bras.
Si ie doy succomber, & perir sans remede,
Ie periray bien seule, il ne me faut point d'aide.

NARBAL.

Madame execusez moy si i'ose en liberté,
Vous prier de calmer cét esprit agité.
Qui pourroit irriter dans sa vaine colere,
Ce Prince dont l'appuy vous est si necessaire.
ConsidereZ qu'il est en ce lieu le plus fort:
Il faut veiller sur luy, i'en demeure d'accord.
Descouurez doucement quelle raison le porte,
A faire entrer chez luy Forbante de la sorte:
Il vous satisfera peut estre là dessus,
S'il vous satisfait mal, ou s'il paroist confus,
Vous pourrez vous monstrer deuant luy plus hardie,
Mais au lieu d accuser en vain sa perfidie;
Il faut luy faire honte, & tâcher par raison,
De l'induire à sauuer l'honneur de sa maison.

DIDON.

Si c'est pour m'offencer que Forbante l'approche,
Sans luy faire en ce lieu ni pleinte ni reproche:
I'iray droit dans sa tente, & de ma propre main,
I'arracherai la vie à ce monstre inhumain;
Oüy ie m'en vay sur luy decharger ma colere:
Puis que ie ne puis pas me vanger sur son frere.

ANNE.

Voicy Pigmalion, parlez luy doucement,
Dißimulez vn peu ce mescontentement.

NARBAL.

La Princesse a raison, gardez vous bien Madame
D'ouurir tous les soupçons que vous aués dans l'ame.

SCENE III.

PYGMALION. DIDON. ANNE. NARBAL. ASTART.

DIDON.

POur quel suiet mon frere auez vous arresté
L'ordre que ie voulois qui fust executé?
D'où vient que malgré moy la tresue dure encore?

PYGMALION.

Ie crains d'aigrir l'esprit d'vn Roy qui vous adore.

DIDON.

S'il est nostre ennemy, pourquoy le craignez-vous,
Vous qui faites dessein de combatre pour nous?

PYGMALION.

Ie ne crains que pour vous, qui dans ce coin de terre,
Ne pouuez contre luy faire durer la guerre.

DIDON.

Vous sçauiez ces raisons quand vous estes party,
Et n'auez pas laissé de prendre mon party.

PYGMALION.

Ie ne connoissois pas vostre melancolie,
Ny les iustes desseins du Roy de Getulie.

DIDON.

Ah vous le connoissez mieux que ie ne voudrois,
Vous voulez malgré moy me sousmetre à ses lois:
Dites s'il n'est pas vray que son frere Forbante,
Est venu deguisé vous voir en vostre tente:

PYGMALION.

Non Madame.

DIDON.

Celuy qui la veu me la dit,
Vn Heraut le menoit, vous semblez interdit.
Ie veux de ce secret comprendre le mystere.

PYGMALION.

Et bien, soit, il est vray ie ne le veux plus taire:
I'ay trouué ce moyen pour vous donner la paix,
Hyarbas la desire, & moy plus que iamais,
Et pour ce bon dessein si vous n'estiez émeuë,
Ie vous proposerois encore vne entreueuë.

DIDON.

Pourquoy me parlez vous tousiours hors de propos,
Que me produiroit elle?

PYGMALION.

Vn asseuré repos.
Ie vous le dis encor, que dans ce coin de terre,
Vous ne sçauriez long-temps faire durer la guerre.
Et quand nous gaignerions mille & mille combas,
Nous ne pourrions iamais accabler Hyarbas.
Il est maistre d'Affrique, il a toute puissance,
Et puis de son Amour l'inuincible constance
Luy fournira dequoy faire eternellement
La guerre qui paroist estre son element.

Sa terre est de soldats l'inépuisable source,
S'il me bat vne fois, où sera ma ressource?
Il faudra que ie cede, & fuyant de ces lieux
Que ie vous abandonne au Roy victorieux.
Faites, n'ayant souffert encore aucun dommage,
Vne paix honorable & sans desaduantage,
Tandis que vous auez les armes à la main.

DIDON.

Ie ne veux point de paix, vous m'en parlez en vain,
Ne la pouuant auoir que honteuse & funeste,
La guerre est le seul bien & l'espoir qui me reste.

PYGMALION.

Voyez l'aueugle erreur de ce cœur endurcy,
Puisque tous mes conseils vous déplaisent ainsi,
Vous n'auez pas besoin de moy, ny de l'armée
Qu'auec de si grans soins pour vous i'auois formée.
Ie me retire, Adieu.

DIDON.

Va, va, frere inhumain,
Qui n'as que contre moy les armes à la main.
Va lasche, & ne croy pas qu'estant abandonnée
I'en sois plus abatue, & plus infortunée.
Pour m'oster de tes mains & des mains d'Hyarbas,

Ny mon cœur, ny ma main ne m'abandonnent pas.
Ie puis par vne mort genereuse & hardie,
Brauer son insolence auec ta perfidie.
Et monstrer à tous ceux qui viendront apres moy,
Qu'vne debile femme eut plus de cœur que toy.

SCENE IV.

PYGMALION. ASTART.

PYGMALION.

A*start,*

ASTART.

Seigneur!

PYGMALION.

Courez iusques dedans ma tente,
Allez, ne tardez pas, & m'amenez Forbante.
Voyez quelle fureur agite ses espris, seul.
Admirez l'arrogance & l'orgueilleux mépris,
Dont cette femme altiere ose outrager vn Prince,
Qui pour la secourir a quitté sa prouince;
Puis qu'il s'agit icy d'vne guerre d'Amour,
Il faut sans differer la finir dans ce iour.

Tentons pour cét effet tout remede poßible,
Ou par force, ou par art vainquons cette inuincible.
Perdrois-je mon armée, & tant de gens de cœur,
Pour le caprice fol, pour le bizarre humeur
D'vne femme superbe, ingratte, insupportable,
De raison, de conseil, & d'amour incapable ?
Mais i'apperçoy Forbante.

SCENE V.

PYGMALION. ASTART. FORBANTE.

FORBANTE.

Hé bien qu'auez-vous fait?
Pouuons nous de vos soins attendre vn bon effet.
Reuerrons-nous Didon?

PYGMALION.

Non il n'est pas poßible,
De vaincre par douceur ce courage inuincible,
Elle reçoit mes soins, mon zele, & mon ardeur,
Comme vn tribut fatal qu'on doit à sa grandeur.
A voir ce fier orgueil qui son ame possede,
On diroit que c'est moy qui reclame son aide.
Il n'est pas iuste enfin de laisser tout perir,
Pour cét esprit blessé qu'on ne sçauroit guerir.

A tel prix que ce soit ie veux finir la guerre,
Et tirer dans ce iour mes trouppes de sa terre;
Vous pouuez dire au Roy qu'il ne tiendra qu'à luy,
Qu'en amour & qu'en guerre il ne vainque auiourd'huy,
Qu'il vienne à force ouuerte en nostre camp parestre,
Qu'il attaque la Reine, & qu'il s'en rende maistre:
Dans Carthage pour moy ie me vay retirer,
Et rauir à Didon tout sujet d'esperer,
Affin que si le Roy veut contre-elle entreprendre,
Elle n'ayt aucun lieu de se pouuoir deffendre.

FORBANTE.

Si le Roy me veut croire il suiura ce conseil,
Pour vaincre cét esprit en rigueur sans pareil,
Sa force agira mieux sur elle que sa plainte,
Quelque orgueil qu'ayt Didon, i'estime que la crainte
Fera ce que l'amour n'a pû d'elle obtenir,
Et ioindra ce qu'vn Dieu n'a pû iamais vnir.
C'est vostre seul appuy qui la rend insolente,
Si vous abandonnez cette belle arrogante,
Où sera sa ressource, il faudra desormais
Qu'elle vienne à genoux nous demander la paix.

PYGMALION.

Sur tout bornez du Roy l'audace & la licence,

S'il aduient que Didon tombe sous sa puissance,
Faittes le souuenir s'il s'en rend possesseur
Qu'elle est Reine apres tout, de plus qu'elle est ma sœur,
Et qu'il m'a protesté ne fonder sa querelle
Que sur l'excez d'amour qu'il dit auoir pour elle.
Auec mes Tyrriens ie n'iray pas si loing,
Que ie ne puisse encor la deffendre au besoin,
Si le Roy la traittant auec le moindre outrage
Vsoit indignement d'vn si bel aduantage.
Vn Roy si genereux ne voudra rien pouuoir
Ni contre son amour ni contre son deuoir.

SCENE VI.

FORBANTE.

SI son frere la quitte il faudra qu'elle cede,
Et que le Roy de force, ou de gré la possede :
Si l'on void de sa rage eclatter les effets,
Apres vn peu de guerre amour fera la paix.
Ce que ie crains le plus, c'est que le Roy mon frere
Chaud & prompt comme il est ne brusle de colere,
S'il apprend que la Reine augmentant ses mespris,
Semble auoir deuiné le dessein qu'il a pris:
Pourueu qu'il vienne à bout d'vne ingrate maistresse,
Qu'importe qu'il l'enleue ou de force ou d'adresse,

Il a quité sa tente, & desia ie le voy,
Qui tout impatient vient au deuant de moy.

SCENE VII.

HYARBAS. FORBANTE.

HYARBAS.

MOn frere qu'as-tu fait?

FORBANTE.

Rien qui vous puisse plaire:
Cette femme superbe est tousiours en colere,
Enfin tout luy fait ombre, & ie perds tout espoir
Que son frere iamais l'oblige à vous reuoir.

HYARBAS.

L'ingratte! ay-ie vn venin si subtil dans ma veuë,
Que comme vn basilic mon seul aspect la tuë?
Peut-elle regarder vn Amant si soubsmis,
Comme le plus cruel de tous ses ennemis;
Que craint-elle, bons Dieux, d'vn Prince qui luy dõne
Ses armes & ses vœux, son cœur, & sa Couronne,
Qui veut dependre d'elle, & qui tout plein d'ardeur
Abandonne à ses pieds sa gloire, & sa grandeur.

Quoy donc vn feu si pur, vne flamme si belle
Blesse par son eclat les yeux de la cruelle;
Donc mon respect me nuit au lieu de m'aduancer,
Et ma fidelité ne sert qu'à l'offencer.
Puisque ie n'attends rien de ma perseuerance,
Perdons, perdons la vie en perdant l'esperance:
Tu luy plairas bien mieux par ce cruel effort,
Va, ne consulte plus, marche droit à la mort.

FORBANTE.

Seigneur qu'est deuenu cét Hyarbe inuincible,
Le cœur ferme & constant à qui tout fut poßible,
La douleur fera-elle en vos esprits troublez
Ce que n'ont iamais fait tant d'hommes assemblez,
Ce que n'a iamais fait pour vostre mort iuree
L'Affrique tant de fois contre vous coniuree.
Rentrez dedans la gloire où vous auez vescu,
Surmontez-vous Seigneur, vous aurez tout vaincu:
Dira t'on que l'orgueil d'vne debile femme.
Ayt mis le desespoir dans vne si belle ame,
Et qu'vn obiet si foible ayt enfin abbatu
Ce cœur où s'appuyoit l'honneur & la vertu;
Voulez-vous en mourant auec tant d'infamie
Conspirer contre vous auec vne ennemie,
Qui dans vostre trespas bornant tout son desir,
De ce cruel desordre auroit trop de plaisir.

Il faut

Il faut viure en dépit de cette ame cruelle,
Et pour la posseder, & pour vous vanger d'elle;
Ou, si vostre amitié la peut flechir vn iour,
Faire apres la victoire vn triomphe d'Amour.

HYARBAS.

I'approuue ton conseil, tu flattes ma pensée,
C'est par trop deferer à cette ame insensée;
Ma constance l'irrite, enfin ie reconnoy,
Que tant de laschetez sont indignes d'vn Roy.
Le respect pour l'ingratte est vne foible amorce,
Oublions la douceur, recourons à la force,
Forbante vangeons-nous, le conseil en est pris,
Voylà trop d'insolence, & par trop de mépris.
Il faut dompter par force vn esprit si rebelle.

FORBANTE.

Seigneur, l'occasion n'en fut iamais si belle,
Pygmalion s'en va meu d'vn iuste courroux,
Si vous n'en estes maistre il ne tiendra qu'à vous.

HYARBAS.

Le Ciel me veut vanger, secondons-le mon frere,
Son frere l'abandonne? il fait ce qu'il doit faire.
Ie n'en ay plus pitié, ie l'ay prise en horreur,
Sa rage a conuerty mon amour en fureur.

La vengeance m'inspire vn carnage effroyable,
Dont ie conçoy moy-mesme vne horreur incroyable.
Sans respecter attraits, âge, sexe, ny rang,
Ie vay faire vn deluge, & de pleurs, & de sang;
Apres j'iray raser cette ville superbe,
I'esgaleray ses tours à la hauteur de l'herbe:
Et ces marques de haine aux neueux feront foy,
Des mépris que Didon a fais d'vn si grand Roy.
Auant que me vanger, fay tant par ton adresse,
Que ie puisse reuoir vn moment la Princesse.
Ie la pleins d'embrasser l'interest d'vne sœur,
Sans cœur, sans amitié, sans raison, sans douceur.
Ie suis au desespoir de la voir engagée
Auec cette insolente, auec cette enragée:
Elle m'a fait plaisir, enfin ie la veux voir.
Apres pour me seruir tu feras ton deuoir.

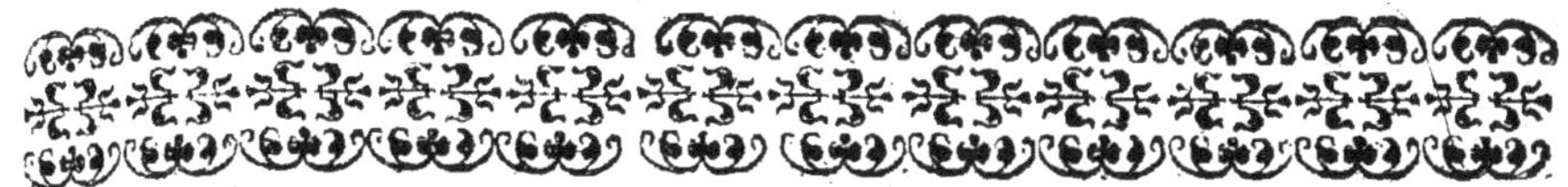

ACTE IV.

SCENE I.

HYARBAS. FORBANTE.

HYARBAS.

IL faut joindre aujourd'huy la force à ton adresse,
Pendant mon entreueuë auecque la Princesse.
Il faut agir, mon frere, & charger brusquement
Les troupes de Didon.

FORBANTE.

Commandez seulement,
Puisque son seul orgueil excite cét orage,
Ie vay faire en son camp vn estrange rauage.
La victoire est à moy, j'y cours, & de ce pas,
Ie vay faire sentir ce que peze mon bras.

HYARBAS.

Laiße venir la sœur de cette ingratte Reyne,
Ne t'en va pas encor, sois témoin de ma hayne;
I'ay besoin de ton aide, il sera tousiours temps
De pousser dans le camp nos meilleurs combattans.
Mais la voicy qui vient.

SCENE II.

HYARBAS. FORBANTE. ANNE. FENICE.

HYARBAS.

I'ay tort, ie le confesse,
De donner tant de peine à ma belle Princesse:
Mais vous m'excuserez sçachant que ie le fais
Seulement à deßein de payer vos bien-fais,
Et de vous faire voir autant qu'il m'est poßible,
Que ie les sçay connoistre, & que i'y suis sensible.

ANNE.

Ce discours plein d'honneur & de ciuilité,
D'vn cœur vrayment Royal marque bien la bonté:
Mais n'ayant eu pour vous qu'vn zele sans puißãce,
Ie ne puis meriter cette reconnoissance.

HYARBAS.

Enfin si vostre sœur eust gousté vos auis,
Et si vos bons conseils eussent esté suiuis,
Tousiours officieuse, & tousiours fauorable;
Ie serois bien-heureux, où ie suis miserable.
Pleust au Ciel qui connoist iusqu'au moindre penser,
Qu'il fust en mon pouuoir de vous recompenser,
Par vn solide effet, par vne preuue insigne,
Qui de vous & de moy fust également digne:
Mais, aymable Princesse, en l'estat où ie suis,
L'aduis que ie vous donne est tout ce que ie puis.
Sortez d'icy, fuyez, & si vous estes sage,
Taschez de vous couler doucement dans Carthage.

ANNE.

Pour quel sujet, Seigneur, qu'auez-vous entrepris?

HYARBAS.

Ie suis las de souffrir tant d'orgueilleux mépris,
A la fin mon Amour en fureur est changée,
Il est temps de punir cette femme enragée,
Qui dédaignant mes vœux, mon cœur, & mon estat,
Regarde mon respect ainsi qu'vn attentat,
Qui se voyant traitter de diuine Princesse,
Croid estre au rang des Dieux, tranche de la Deesse.

Et me voyant sur terre ainsi qu'vn homme abjet,
Me traitte insolemment d'esclaue & de sujet,
Son frere fait bien voir en se separant d'elle,
Qu'il ne peut approuuer vne humeur si cruelle.
I'apprens qu'il est party triste & mal satisfait
Du traittement injuste & du tort qu'on me fait.
Il quitte auec horreur celle qui nous mesprise.

ANNE.

Est-ce donc tout de bon, parlez vous sans feintise?

HYARBAS.

Vous l'allez bien-tost voir par ce camp saccagé,
Enfin c'est trop souffert, je veux estre vangé.
Il est temps que le feu de mon courroux éclate,
Sur ce cœur endurcy, sur cette femme ingratte.
Tant de pleurs espanchez, tant de respects rendus,
Ie plains tant de souspirs, & tant de vœux perdus.
Ma haine prend leur place, & commence à me pla
Mon feu d'amour se change en vn feu de colere.
Les charmes de Didon sont vains & superflus,
Je n'en suis plus touché, ie ne la cognois plus;
Que comme vne estrangere, ingratte, iniurieuse,
Orgueilleuse, insolente, injuste, & furieuse,
Aussi veux-je contr'elle auec toute rigueur,
Vser de tous les droits d'vn insolent vainqueur.

Ie la possederay comme vne esclaue infame,
Puis qu'elle a desdaigné la qualité de femme.
Vous l'allez bien-tost voir tomber entre mes mains,
Et changer en respects ses orgueilleux dédains.
Vous l'allez bien-tost voir, cette belle arrogante,
A mes pieds prosternée en humble suppliante;
Qui se repentira trop tard de ses mespris,
Et qui de son orgueil aura le iuste prix.
Enfin le desespoir ayant éteint ma flame,
Et s'estant rendu maistre absolu de mon ame.
N'en attendez plus rien que des saccagemens,
Que des meurtres cruels, que des embrazemens.
Ie iure des grands Dieux la puissance infinie,
Que ie seray vangé, qu'elle sera punie.
Et qu'il n'est point de Dieu, ny là haut ny là bas,
Qui puisse diuertir la fureur d'Hyarbas.
Iupiter s'est fasché de tant d'obeyssance,
Tant de soumissions offençoient ma naissance;
Tant de lâches respects qui marquoient mon ardeur,
Blessoient également sa gloire & ma grandeur.
En vn mot ie veux rendre outrage pour outrage.
Fuyez donc, mettez vous à l'abry de l'orage,
Sauuez vous ma Princesse, & iugez par mes soins,
Qui de mon amitié sont fidelles témoins;
Quel est mon changement à l'esgard de la Reine,
Qui sur mes volontez estoit si souueraine;

Qui sur tous les objets qui brillent sous les Cieux,
Estoit chere à mon ame, & plaisante à mes yeux.

ANNE.

Seigneur, c'est ce discours qu'encor ie ne puis croire,
Qui blesse esgalement les Dieux, & vostre gloire,
Où s'emporte vostre ame, & que sont deuenus
Ces nobles sentimens qui m'estoient si connus,
Bons Dieux qu'ay je entendu, le plus grand des Monarques,
D'vne lâche foiblesse a-t'il donné des marques?
Non, j'ayme mieux le croire à mon égard menteur,
Que croire que sa langue ait dementy son cœur;
Vn cœur si genereux, vn cœur si magnanime,
N'a point de mouuement qui ne soit legitime;
Il ne se laisse point forcer à la fureur,
Il hait toute iniustice, il en a de l'horreur,
Et ne souffriroit pas qu'vne tache si noire,
Obscurcist les rayons qui font briller sa gloire.
Oubliez ce transport qui vous agite ainsi,
Ie proteste Seigneur de l'oublier aussi.
C'est à vous de vous mettre à l'abry de l'orage,
Que la fureur excite en ce boüillant courage.
Sauuez vous de vous mesme, Hyarbe, & reprenez
Icy tous les conseils que vous m'auez donnez.

HYAR-

HYARBAS.

L'honneur n'y le respect chez moy n'ont plus de place,
La fureur les destruit, le desespoir les chasse,
Ie veux estre vangé, le conseil en est pris.

ANNE.

Ah Prince mal-heureux! qu'auez vous entrepris?
S'il est vray que Didon se voye abandonnée,
Quel honneur aurez vous de l'auoir ruinée?
Que dira-t on de vous de l'attaquer au temps,
Qu'elle perd dans son camp vingt mille combattans:
Mais si dans vostre esprit sa mort est resoluë,
Si vous voulez vser d'vne force absoluë.
Pour perdre vne beauté dont les charmes puissans,
Regnoient absolument n'agueres sur vos sens.
Si vous auez si peu d'honneur & de courage,
Que d'attenter contr'elle auec vn tel outrage,
Les Dieux la vengeront, & ne permettront pas
Que l'insolence regne, où regnent tant d'appas.
Enfin si Didon meurt, ie veux mourir comme elle,
Ie suiuray sa fortune, ou propice, ou cruelle;
Et ce cœur genereux que vous fauorisez,
Refuse le salut que vous luy proposez.

HYARBAS.

Hébien, on vous permet de ſuiure ſa fortune,
Et de tomber auſsi d'vne chutte commune;
Vous pouſſerez tantoſt des regrets ſuperflus,
Il ne ſera plus temps, ie n'eſcouteray plus. Elle s'en va.

SCENE III.

HYARBAS. FORBANTE.

HYARBAS.

QV'vn cœur noble & hardi, ferme & plein de conſtance,
A deſſus nos eſprits de force & de puiſſance;
Cette ame genereuſe a le mien abbatu,
Et ma colere cede à ſa haute vertu.
Iuſtes Dieux qu'ay-je fait! d'où peut naiſtre à ma [honte,
Vne metamorphoſe & ſi grande & ſi prompte,
Qu'vne bouche exprimant des ſentimens ſi doux,
Vomiſſe le poizon, le fiel & le courroux,
Qu'vne flame d'Amour & ſi nette, & ſi claire,
Se change & s'obſcurciſſe en vn feu de colere.
Bref, qu'vn Roy ſi conſtant puiſſe ſi toſt changer,
Et paroiſtre brutal auſsi bien que leger.

Pourrois-tu mal-heureux traitter auec injure,
Ce chef-d'œuure accomply des mains de la Nature,
Pourrois-tu profaner ce temple precieux,
Que tu respectes plus mille fois que les Cieux.
Tu ne peux offenser ce beau nom sans blaspheme,
Tu ne peux l'outrager sans t'outrager toy mesme.
Resueille ta raison r'appelle tes espris,
Respecte ses dédains, adore ses mépris;
Estouffe ta rigueur, & fay ceder ta haine
Aux iustes sentimens de cette chaste Reyne.
Mais est-ce l'offenser que luy donner mon cœur,
Et soûmettre à ses pieds vn Roy tousiours vainqueur.
Est-ce desesperer cette beauté cruelle,
Que partager mon trosne & ma gloire auec elle.
Est-ce auec iuste cause exciter ses dédains,
Que luy mettre par force vn Sceptre entre les mains.
Non, non dans mes projets ie n'ay rien que d'Auguste,
Ma guerre est legitime, & ma colere est iuste;
C'est l'vnique remede, il s'y faut attacher,
Ou si ie le neglige, il n'en faut plus chercher.
Va mon frere, execute enfin nostre entreprise,
Suy la boüillante ardeur dont ton ame est esprise.
Va, seme en tous endroits, ou la mort, ou l'effroy.

FORBANTE.

Ie sçay de quelle ardeur il faut seruir mon Roy.

HYARBAS.

Mon frere arreste vn peu, s'il aduient que la Reine,
Pour animer les siens paroisse dans la plaine,
Respecte sa presence, où tu dois aduancer,
Recule, & ne fay rien qui la puisse offencer.
Fay par tes actions qu'elle puisse comprendre,
Que ie n'ay combatu qu'à dessein de me rendre,
Qu'à tort elle me compte entre ses ennemis,
Que si sa rigueur cesse, on me verra soubmis;
Et ietter à ses pieds, en finissant la guerre,
Les lauriers moissonnez malgré moy sur sa terre.

FORBANTE.

Ce penser est galand, agreable, amoureux,
Mais à vostre égard seul il paroist genereux,
Le respect dans ces lieux chez moy n'a point de place.

HYARBAS.

Ah si Didon paroist, mon frere fuy de grace,
Garde de persister au combat commencé,
De peur que mon Amour ne s'en trouue offencé.

FORBANTE.

Vous mocquez vous, Seigneur, quoy, sans me rendre infame,

Puis-je me dérober aux armes d'vne femme?
Puis-je lâcher le pié sans marquer de l'effroy,
Et sans vous faire außi mesme iniure qu'à moy?

HYARBAS.

Cette femme n'est pas vne femme ordinaire,
Croy si ie combattois, que tu me verrois faire
Ce que ie te conseille, ouy, ouy n'en doutez pas,
Ie fuirois par respect en voyant ses appas.
Ie sçay qu'elle est pour moy de rigueur toute plaine,
Elle craint mon amour, & moy ie crains sa haine,
Puis qu'elle est en colere éuitons en tous lieux,
Et les coups de ses mains, & les traits de ses yeux.
Vne peur de respect n'imprime aucune tache,
Sied bien au genereux, & sieroit mal au lache.

FORBANTE.

Ces traits si genereux ne regardent que vous,
Pour moy qui n'ay pas lieu de redouter ses coups,
Et qui ne la voy plus que comme vne ennemie,
Ie croy qu'en l'attaquant i'auray moins d'infamie,
Et qu'estant seulement de la gloire amoureux,
Ie puis faire contr'elle vn effort genereux.
Considerez, Seigneur, qu'elle a l'ame guerriere,
Qu'elle est de ses exploits & si vaine & si fiere,
Que pour peu qu'on luy cede elle en abusera,

Comme elle est orgueilleuse, elle s'emportera.
Et ne manquera pas dans le moindre aduantage
Qu'on luy laissera prendre à blasmer mon courage.
Iamais vn ieune cœur ne se laisse brauer,
Puis i'ay dans mon honneur le vostre à conseruer,
Et doy dans ma franchise éuiter toute feinte,
D'où peut naistre vn soupçõ de foiblesse, ou de crainte.
Il ne faut point, Seigneur, flatter la dureté
De ce cœur orgueilleux qui veut estre dompté.
Mon honneur receuroit vne atteinte mortelle,
Si vos gens reculoient vne fois deuant elle,
Et i'ay lieu de douter mesme si ie pourrois
Les remener contr'elle aux coups vne autre fois.
Et si ce faux bon-heur qui l'auroit animée,
Ne seroit point funeste à toute vostre armée.

HYARBAS.

Croy qu'il importe moins à l'honneur d'Hyarbas,
De voir perir les siens en ne combattant pas,
Que si cette adorable & cruelle ennemie
Couroit dans le peril fortune de sa vie.
Helas! si tu faisois dans ces funestes lieux,
Couler vn sang si noble, vn sang si precieux,
Tu ferois par sa playe vn passage à mon ame,
Ie mourrois miserable, & tu viurois infame.
Fuy donc si tu la vois, & ne conteste plus,

Mais ie te donne icy des conseils superflus:
Car si Pygmalion leur manque d'assistance,
Ils n'auront pas le cœur de faire resistance;
Ils fuyront, & par là tu pourras mesnager
La victoire aysément sans honte & sans danger.
Sur tout ressouuien toy de mon Amour extresme,
Considere Didon par tout plus que moy-mesme.
Va, prens dans mon armée vn absolu pouuoir;
Satisfais à l'honneur, mais songe à ton deuoir,
Et laisse moy marquer par ce soin qui me flatte,
L'amour & le respect que i'ay pour cette ingratte.

SCENE IV.

ANNE. FENICE. DIDON.

Anne & Fenice sont en vn bout du theatre les larmes aux yeux, & Didon sortant de sa tente les rencontre.

DIDON.

HE bien ma chere sœur, que vous vouloit le Roy?

ANNE.

Ah, Madame, ie tremble & d'horreur & d'effroy,
Et ne pouuant encor tant de rigueur comprendre,
Ie pense auoir songé ce que ie viens d'entendre.

DIDON.

Comment?

ANNE.

Ce Roy, Madame, eſt tout à fait changé,
Il parle en furieux, il parle en enragé,
Il ne reſpire plus que menace, & qu'outrage,
Et veut que ie me mette à l'abry de l'orage;
Tandis qu'en voſtre camp, qu'il pretend ſaccager,
Il ira tout deſtruire afin de ſe vanger.

DIDON.

Il vous trompe, ma ſœur, cela n'eſt pas poßible.

FENICE.

Madame il perdra tout, la choſe eſt infaillible,
De ſon reſſentiment qui le rend furieux,
Il prenoit à témoins les hommes & les Dieux.
Ie iure, diſoit-il, leur puiſſance infinie,
Que ie ſeray vangé, qu'elle ſera punie,
Et qu'il n'eſt point de Dieu ny là haut, ny là bas,
Qui puiſſe diuertir la fureur d'Hyarbas.

ANNE.

Non ie n'eſpere plus de ſalut ny de grace.

FENICE.

I'ay mieux que vous encor obſerué ſa menace.

Le feu

Le feu de sa colere éclatoit dans ses yeux,
Ainsi que ses discours, ses gestes furieux,
Marquoient dedans son cœur mille horibles tẽpestes,
Qui vont bientost creuer & fondre sur nos testes,

ANNE.

Il est temps, m'a t'il dit, qu'auec toute rigueur,
I'vse de tous les droits d'vn insolent vainqueur,
Ie la posséderay comme vne esclaue infame,
Puis qu'elle a dédaigné la qualité de femme.
Fenice vous dira ce que j'ay reparty,
Mais tout ce que i'ay dit ne l'a point diuerty;
Tant s'en faut, i'excitois sa fureur & sa rage,
Plus ie picquois sa gloire & flattois son courage,
Madame adoucissez ce courage enragé,
Feignez qu'en sa faueur vostre esprit est changé,
Si vous ne destournez le coup qui nous menace,
Nous sommes tous perdus.

DIDON.

Que veut-on que je face?
Opposons en suiuant le dessein que j'ay pris,
La force à la fureur, le mespris au mespris,
Suis-je en termes de craindre vne iniuste licence,
N'auons nous pas dequoy brauer son insolence?

SCENE V.

DIDON. ANNE. FENICE. ARGAL.

DIDON.

MAis què nous veut Argal ?

ARGAL.

Ie vous viens aduertir
Qu'on vous trahit au camp, que le Prince de Tyr
Destend ses pauillons, fait filer son bagage,
Décampe en diligence, & tire vers Carthage.

DIDON.

Hé bien qu'en dit Narbal?

ARGAL.

Il brûle de courroux,
Et pour ce seul sujet me depute vers vous.

DIDON.

Dy luy qu'auparauant que ce traistre s'en aille,
Ie veux sans differer qu'il donne la bataille.

ARGAL.

Perdant les Tyriens il n'eſt pas aſſez fort.

DIDON.

Va, ne replique point, qu'il faſſe ſon effort.
Le lâche qui s'enfuit, & qui m'a delaiſſée,
Voyant nos gens aux mains changera de penſée;
S'il ne me conſidere en ce preſſant mal-heur,
Il conſiderera peut-eſtre ſon honneur,
S'il ne ſatisfait pas au deuoir d'vn bon frere,
A ſon propre deuoir il voudra ſatisfaire.

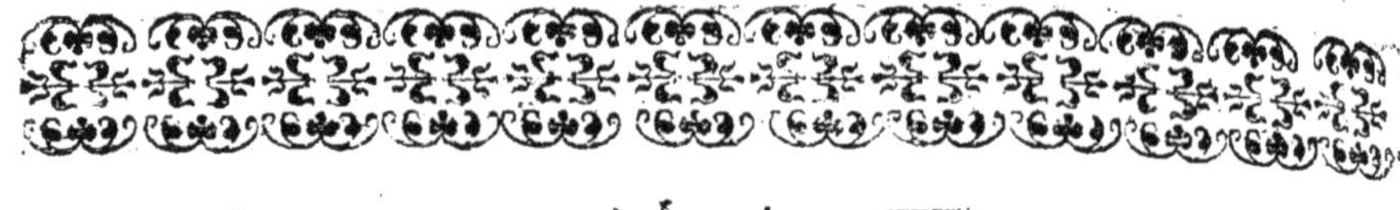

ACTE V.

SCENE I.

DIDON. ANNE. ARGAL.

ARGAL.

Madame ſauuez vous, cét inſolent guerrier,
A violé chez vous la trefue le premier.
Nous voyant ſeuls au camp il y pouſſe Forbante,
Qui ſeme en tous endroits la mort & l'eſpouuante.
Narbal fait contre luy de merueilleux explois,
Secondé de la fleur de nos Carthaginois,
Qu'il vient de r'allier pour ſauuer du naufrage
L'honneur de ſa Maiſtreſſe, & celuy de Carthage:
Mais le nombre l'accable, & crains que ce grãd cœur
Ne cede aux grands efforts de ce ieune vainqueur;
Qui ſuiuy d'Hyarbas, & de toutes ſes armes,

Auec iuste sujet redouble nos allarmes.
Ce qui fait que Narbal vous conjure par moy,
De vouloir éuiter la fureur de ce Roy.
Mettez vostre personne à l'abry de l'orage,
Madame sauuez vous dans les murs de Carthage.
Tandis que nostre Chef, braue & iudicieux,
S'efforce d'arrester ce torrent furieux.
Forbante passe au camp pour vn foudre de guerre,
Il moissonne, il saccage, il abat tout par terre;
Et les Getuliens qui suiuent sa vertu
Auectant de fureur n'ont iamais combattu.

ANNE.

Ah ie m'en doutois bien, cette fureur nous marque
Le sanglant desespoir de ce cruel Monarque:
Qui cherche à faire outrage à vostre Majesté.
Hé bien, cedons au temps, cherchons la seureté.
Va dire à cét Atlas qui soustient mon Empire,
Que ie suy son conseil, & que ie me retire.
Peut-estre si ie puis mon frere retenir,
Que nous pourrons encôr vn siege soustenir,
Peut-estre que l'ingrat qui fuit & m'abandonne,
Aura quelque respect encor pour ma personne.
A toute extremité j'iray dans mes vaisseaux,
Pour me commettre encore à la mercy des eaux,
Et pour chercher ailleurs quelque nouuel Azile,

Où ie pourray fonder encor vne autre ville.
Mais que nous veut Barcis?

SCENE II.

BARCIS, Officier de Carthage. DIDON. ANNE. ARBAL.

BARCIS.

Ie vous viens aduertir,
Que Carthage a receu tous les soldats de Tyr,
Et que Pygmalion qui passe pour vn traistre,
Sans peine du Palais vient de se rendre Maistre,
Car nous n'auions pas lieu de craindre ses effors,
Il passe bien plus outre, il pille vos thresors,
Nos cris sont superflus, & cét inexorable,
Qui sent qu'il a le vent & la mer fauorable,
Enleuera dans peu le tout à son plaisir,
Si quelque prompt effort n'arreste son desir.

DIDON.

Qui veux-tu que i'oppose à sa brutale audace,
Où sera mon recours, que veut-on que ie fasse?
O Sort trop rigoureux! pourquoy m'accables-tu?
Quoy! n'es-tu pas lassé d'esprouuer ma vertu?
Vne autre que Didon eust-elle en sa constance

Témoigné tant de cœur, & tant de resistance?
Tu veux donc que ie cede, hé bien il faut ceder,
Puisque nul des mortels ne me peut plus aider :
Puisque les Dieux sont sourds, que la mer & la terre,
Et le Ciel & l'Enfer me declarent la guerre.
Ouy cede malheureuse à la necessité,
Pour complaire à ta sœur fais vne lascheté,
Abandonne auiourd'huy pour flatter son enuie,
L'honneur qui te fut cher beaucoup plus que la vie.
Pour arrester le cours de ce mal si pressant.
Arreste la fureur de ce Roy trop puissant,
Et sauue en appaisant cette cholere extresme,
Ton Sceptre, tes thresors, & ta sœur, & toy-mesme.
Tous les autres moyens se trouuent superflus.
Va donc, ma chere sœur, va ne differe plus,
Pour nous arracher tous hors des bras de la Parque;
Va viste receuoir ce bien-heureux Monarque.
Cours au deuant de luy pour demander la paix,
Dy luy qu'enfin ie cede à ses iustes souhais.
Tasche de le flechir par pleurs & par prieres,
Et d'éueiller l'ardeur de ses flames premieres.
Dy luy que i'obeys à ses ardens desirs,
Puisque les loix d'honneur bornent tous ses plaisirs.
Va marche asseurement, car tes premieres larmes
De ses sanglantes mains feront tomber les armes,
Il n'aura pas le cœur de garder son courroux,

S'il te void vne fois pleurante à ses genoux,
Et tu feras d'abord en calmant son courage,
Et des siens & des miens arrester le carnage.
Pren ces deux officiers & Fenice auec toy,
Pour confirmer par eux mon repentir au Roy.
I'essuiray cependant mes pleurs dedans ma tente,
Pour le mieux receuoir.

SCENE III.

Didon s'en va.

ANNE. FENICE. BARCIS. ARBAL.

ANNE.

Dieux que ie suis contente!
Elle a fait sagement, il faut ceder au temps;
Argal cours viste au camp pour dire aux combatans,
Que la Reyne a changé cette humeur obstinée,
Qui luy fit abhorrer vn second hymenée,
Dy leur que tout succede au gré de nos souhais,
Fay cesser le combat, dy qu'on a fait la paix.
Qu'on m'ameine mon char, ie veux aller moy-mesme
Asseurer Hyarbas de son bon-heur extresme.
Ouy, le plaisant recit dont tu l'auras charmé,
Luy sera par ma bouche encore confirmé.
Va, vole vers le camp pour cét heureux message;

Et

Et quand à toy, Barcis, retourne dans Carthage,
Et tasche d'aduertir promptement nos amis,
De ce rare bon-heur que les Dieux ont permis.

SCENE IV.

DIDON seule.

Elle paroist dans sa Tente, où l'on void sur vne table vn poignard, & vn grand vase d'or à l'antique, representant vne Vrne où seront les cendres de Sychée.

ME voicy seule enfin, & libre, & dégagée
De ceux qui me tenoient icy comme asßiegée.
En dépit des Destins qui m'outrageoient si fort,
Me voicy, grace aux Dieux, maistresse de mon Sort.
Nous pouuons sans cõtrainte en l'estat où nous sõmes,
Nous plaindre esgalemẽt & des Dieux & des hõmes.
Qui m'ont fait iusqu'icy la guerre iniustement,
Et qui m'ont tous esté cruels esgalement.
Mon frere, & ce tyran dont ie suis poursuiuie,
Conspirent d'vn mesme air tous deux contre ma vie.
L'vn est traistre & perfide, & l'autre suborneur,
L'vn veut rauir mes biens, & l'autre mon honneur.
Si mon frere auoit eu quelque bonne pensée,
Tendante à mon secours, m'auroit-il delaissée?
Si ce Roy dont l'amour me fut tousiours suspect,

M'auoit vrayment aymée, il eust eu du respect,
Et n'eust pas menacé de vengeance & d'outrage,
Vn corps à qui son cœur eust fait le moindre hõmage.
Mais grace aux Immortels, voicy, voicy dequoy,
Brauer auec mépris, & mon frere, & le Roy. *En prenant le poignard, & le baisant.*
Voicy qui peut sauuer auec gloire infinie
Celle qu'on vouloit perdre auec ignominie.
Toy qui croyois contr'elle auec toute rigueur,
Vser de tous les droits d'vn insolent vainqueur.
Tu n'auras que le tronc, & ta vengeance lâche
A l'honneur de Didon ne fera point de tache;
Elle a le cœur trop bon, trop grand, trop genereux,
Pour ceder au pouuoir d'vn tyran rigoureux.
Compagne de ma fuite & de mes infortunes,
Anne, à qui mes douleurs furent tousiours communes.
Chere & fidelle sœur, dont la tendre amitié
Excite seule icy mon ame à la pitié.
Les Dieux me sont témoins de la douleur extresme,
Que i'ay de te quitter t'aymant plus que moy-mesme;
Et de te voir reduite à la necessité,
De dépendre auiourd'huy d'vn tyran irrité.
Si i'auois pû sauuer ces thresors qu'on m'enleue,
Les restes mal-heureux de cette pauure vefue,
I'aurois eu pour le moins de toy me separant,
Le plaisir de t'en faire vn present en mourant.
Mais ie ne puis plus rien en ce depart funeste,

Reçoy ces tristes pleurs, c'est tout ce qui me reste.
Traistre Pygmalion, frere dénaturé,
Et toy cruel tyran contre moy conjuré;
Voyez où vos fureurs dans leur rage inhumaine,
Ont reduit le destin d'une si grande Reyne.
C'est vous qui m'auez mis ce poignard à la main,
Et qui leuez mon bras, & qui percez mon sein.
Et vous Vrne sacrée où repose la cendre
De celuy qui m'a fait tant de larmes respandre.
Restes inanimez de mon fidèlle Espoux,
Ie vous prends à témoins que ce iuste courroux,
Ce noble desespoir, & cette hardiesse,
Ne tendent qu'à l'effet de ma sainte promesse.
Ie vous conjure au moins voyant ma pureté,
D'apprendre mon histoire à la posterité,
Et tous les vrays motifs de ma mort genereuse,
Qu'on pourroit soupçonner estant si mal-heureuse.
Que si pour outrager mon honneur & ma foy,
L'imposture iamais s'éleuoit contre moy.
Tâchez de reprimer toute iniuste licence,
Et de iustifier par tout mon innocence.
Chers Manes de Sichée, ombre de mon Espoux,
Agréez cette mort qui me rejoint à vous,
Et qui me va donner dans les champs Elisées,
Les douceurs du repos qui me sont refusées.

SCENE V.

HYARBAS. ANNE. FENICE.

HYARBAS.

Je suis donc sur le poinct, apres tant de froideurs,
De recueillir les fruits de mes chastes ardeurs.
Amour pour ce bien-fait d'eternelle memoire,
Ie promets d'esleuer mille autels à ta gloire.
C'est vous fidelle sœur qui m'auez procuré
Ce bon-heur infiny, ce bien inesperé,
C'est par vous seulement que mon ame est rauie,
Ie vous doy mon repos, mon honneur, & ma vie.
Enfin ie vous doy tout, vos soins officieux.

FENICE.

Quel spectacle, que voy-je, ô Dieux, ô iustes Dieux!

ANNE.

Fenice qu'auez vous?

FENICE.

Voyez, voyez Madame,
Ce beau corps par son sang vient d'espandre son ame.
La mort n'a respecté ses attraits ny son rang;

Voyez le tout baigné dans vn ruiſſeau de ſang.

HYARBAS,

Ma Reyne !

ANNE.

Ah ie me meurs, Fenice ie ſuccombe,
Il ne faudra pour elle & pour moy qu'vne tombe.
Ah Reyne trop cruelle ! ah Roy trop mal-heureux,
Que ie pleins vos deſtins, ils ſont trop rigoureux.

Elle s'eſuanoüit, & on l'enleue.

FENICE.

Que ie me plains moy-meſme en vn ſort ſi contraire,
Enleuons-là d'icy, bons Dieux que doy-je faire !

HYARBAS.

Ma Reyne eſt-il poßible, en croiray-je mes yeux,
Et vous l'auez ſouffert, ô Dieux, iniuſtes Dieux !
Vous l'auez laiſſé faire, & dans cette auanture,
Qui deût eſtre fatale à toute la Nature.
Le Ciel dans ſon aßiette eſt touſiours demeuré,
Et le Soleil d'horreur ne s'eſt point retiré,
Quoy tous les Elemens ſans ſe faire la guerre,
En perdant ce threſor du Ciel & de la terre.
Encore l'vn à l'autre auec ordre enchainez,
Dans leur confuſion ne ſont point retournez.

Quoy ie voy tout en paix, & mon ame agitée,
Sera seule en desordre, & seule tourmentée?
Il est iuste, il est iuste, en ce mal infiny,
Hyarbe a peché seul, il est le seul puny.
Souffre donc Roy cruel sans reproche & sans blâme,
Ce Vautour eternel qui déchire ton ame.
Souffre, & n'impute plus ce spectacle d'horreur,
Qu'au brutal mouuement de ta noire fureur.
Ce beau corps où le Ciel mit vn si grand courage,
Se voyant menacé de vengeance, & d'outrage,
A fait pour s'en sauuer vn genereux effort,
Elle a craint l'infamie, & n'a pas craint la mort.
Et moy qui fais perir cette belle ennemie,
Doy-je craindre la mort estant plein d'infamie,
Doy-je sortir du gouffre où i'ay precipité
Par mes lâches projets cette chaste beauté?
Non, non, il faut mourir pour suiure sa fortune;
Mais il me faut souffrir dix mille morts pour vne.
Il faut que déchiré, que battu, qu'outragé
De mille coups mortels ie perisse enragé.
Trop parler de mourir, c'est trop aymer la vie;
Mourons donc, ton exemple, ô Didon, m'y conuie,
Et ie mourrois content d'vn genereux effort,
Si sur Pygmalion i'auois vangé ta mort.
Mais apres tant de maux que seul il a fait naistre,
Croyons qu'vn coup de foudre accablera ce traistre.

Tirons de ce beau corps ce fer pernicieux,
Teint & fumant encor d'vn ſang ſi precieux.
Sang iadis l'entretien de ce parfait viſage,
De ce teint admirable, & de ce grand courage,
Qui t'a fait en ces lieux reſpandre indignement:
Que ie te trouue encore agreable & charmant.
Ce coup te meſle au mien, l'vnion eſt cruelle;
Mais on m'a deffendu d'en faire vne plus belle. Il ſe tue.

FIN.

www.ingramcontent.com/pod-product-compliance
Ingram Content Group UK Ltd.
Pitfield, Milton Keynes, MK11 3LW, UK
UKHW020345180726
13839UKWH00002B/923